D1641392

Praxislichter

Titelbild: „Atlantis"
und Porträtzeichnung: „Irmgard Pfürtner-Bloos"
von Mona Pfürtner.

Originalausgabe
1. Auflage 2016
Pfürtner-Bloos, Irmgard
Praxislichter
Gedichte
Mit Bildern von © Mona Pfürtner
ISBN 978-3-943556-57-5

Druck und Bindung: Docupoint Magdeburg
Printed in Germany
© 2016 Verlag Blaues Schloss · Marburg
Alle Rechte vorbehalten. Nachdruck und Vervielfältigung einschließlich Speicherung und Nutzung auf optischen und elektronischen Datenträgern nur mit Zustimmung des Verlags.
Besuchen Sie uns im Internet:
www.verlag-blaues-schloss.de

Bibliografische Information der Deutschen Nationalbibliothek
Die Deutsche Nationalbibliothek verzeichnet diese Publikation in der Deutschen Nationalbibliografie; detaillierte bibliografische Angaben sind im Internet über http://dnb.ddb.de abrufbar.

PRAXISLICHTER

Gedichte

Irmgard Pfürtner-Bloos

Verlag Blaues Schloss

1936. Mein Jahr

Kalt und unbehaglich der Eintritt in die Welt
Siebtes Kind, angenommen aus Notwendigkeit
Erste Schritte mitten im Krieg.
Nichts anderes kenne ich
Trotz Feuer, Bomben, Verlust und Tod eine freie Kindheit

Übernehme früh Verantwortung für mich selbst
Keiner gibt Hilfe in diesem Chaos
Dann irgendwann Friede
Weiß lange Zeit nicht was das Wort bedeutet
Gekoppelt an Disziplin und Schule ist er nur schwer zu ertragen

Studium, Prüfungen, mehr und mehr schwindet die Freiheit
Es fächert sich das Leben auf
Partnerschaft, Liebe, Kinder, Beruf, Praxisalltag. Leben mit Freunden
Die Welt entdecken
Die Zeit läßt mich atemlos zurück

Dann, mit den Jahren hole ich mich ein
Der Schritt wird schwerer
Das Handeln bedächtiger
Das Denken langsamer
Das Alter kündigt sich an

Beschreite unerforschte Wege
Neuer Genuß die Welt zu gestalten
Noch reichen die Kräfte
Es kommt die Zeit, da denke ich über das Ende nach
Wie mag es weitergehen?

8

Inhalt

0000001

0000002

Schuld	00000032
Die Seuche	00000033
Zuversicht	00000034
Unfall	00000035

0000003

Wechselspiel
Winterblau und Löwenfarben

Winterblau und Löwenfarben	00000038
Mangel - Ernährung	00000039
Bacari	00000040
Abhängigkeit	00000041
Tollkirsche	00000042
Eßstörung	00000043
Sucht	00000044

0000004

Eile	00000048
Siechtum	00000049
Alt geworden	00000050
Verwirrt	00000051
Itenheim	00000052

0000005

Metamorphosen	00000056
Abschied	00000057
Sterbebegleitung	00000058
Erlösung	00000059
Der Tod	00000060
Sterben	00000061

0000006

Zum Buch

Die Diagnosen von Krankheiten und die Verschlüsselung von Schicksalen werden von schwarzen Balken begleitet: den Barcodes. Ob im Krankenwagen, in der Praxis, in der Klinik oder auf Intensivstationen – überall kommen sie vor.

Aber die Begegnung Patient und Arzt hinterlässt nicht nur Spuren, Einschnitte und bleibende Prägungen auf dem Klebetikett, dem Krankendokument und beim Patienten; auch beim Arzt oder in diesem Fall bei der Ärztin bleiben Spuren und Eindrücke oder „Prints" der Seele.

Zu diesen Prints sagt die Ärztin Irmgard Pfürtner-Bloos:

„Mit dem Schreiben habe ich darauf reagiert, was mich bei der Begegnung mit Patienten bewegt hat."

13

So technisch der Barcode den Status Quo menschlicher Identität erfasst, so persönlich und individuell beschreiben die Gedichte der Internistin Pfürtner-Bloos treffsicher den Zustand und die Verfasstheit von „Patienten", jenem verdeckenden Sammelbegriff für „Objekte medizinischer Behandlung", die aber als Subjekte Schatten ihres Lebens auf die Ärztin geworfen haben.

Zur Illustration ihrer Gedichte hat die Autorin Bilder ihrer Tochter, der Berliner Künstlerin Mona Pfürtner ausgewählt.

K. H. Symon

Verlagsleiter

Vorwort

Oft ist es nicht so leicht, das Leid der Mitmenschen zu ertragen. Aber nehmen Sie sich Zeit die Gedichte sowohl mit dem Herzen wie auch mit dem Verstand aufzuschlüsseln

Lassen Sie sich berühren, denn dafür sind sie geschrieben. Sie repräsentieren viele Jahre meines Berufslebens. Haben viel Substanz, aber wenig Beiwerk. Die Sprache ist verdichtet.

Die Themen sollen helfen, Mitmenschen zu verstehen. Sie sind außerdem dazu gedacht, Sie und ihre Freunde zu inspirieren und zum Handeln zu motivieren.

Irmgard Pfürtner-Bloos

14

0000001

Leuchtturm

Hell – Dunkel – Hell . . .
Wächter des Lichts
Wettertrotzender Titan
Wegweiser an allen Küsten

Hell – Dunkel – Hell . . .
Sehnsucht Wind zu spüren
Meer zu atmen
Erfahrung von Licht und Schatten

Hell – Dunkel – Hell ...
Nachtfahrt, einsam und trostlos
Verborgene Gefahr
Vernichtend

Hell – Dunkel – Hell ...
Morgenrot dämmert
Ein Glanz am Horizont
Ängste verschwinden

Hell – Dunkel – Hell ...
Der Himmel reißt auf
Strahlend erhebt sich die Sonne
Leuchtet

2009

16

NACHTDIENST

Die Glocke schrillt
Schrecke aus dem Schlaf
Die Pflicht ruft
Unfall, Fahrerflucht, volltrunkener Täter
Blutentnahme auf der Wache

Brummendes Motorengeräusch
Ein dunstiger Vollmond
Bäume fliegen vorbei
Schnurgerade die Straße
Die Station taghell erleuchtet

Müde Beamte an ihren Tischen
Wenig Bewegung im Raum
Zusammengesunkene Gestalt in der Ecke
Nur spärlich bekleidet
Ausgeliefert

Stelle Fragen,
Vorgefertigt
Meine Augen suchen die seinen
Versteht er die Folgen seiner Tat
Keine Reaktion

Zucke die Schultern
Gehe meinem Handwerk nach
Die Vene gestaut
Blut fließt
Dieses Röhrchen wird sein Richter sein

Papiere ausgefüllt
Die Arzttasche gepackt
Und draußen der helle Mond
Tief atme ich aus
Kann die Welt nicht verändern

1989

18

PRAXISALLTAG

„Frau"

Verlangst meine Zustimmung
Nehme dir die Entscheidung nicht ab
Dein Ungeborenes ist mir wert wie du

Die Freiheit nimmt es
Schränkt ein die Zukunft
Ist nicht gewollt

Verweigerst ihm das LebenTötest es im Mutterleib
Willst du mit dieser Schuld leben

Und du „mein Herr"

Nichtswürdig ist dein Tun
Missbrauchst die Macht, die dir gegeben
Schlägst Frau und Kinder ohne Scham

Die Krankheit sucht dich heim
Willst Lieb und Mitleid von den Deinen
Trag nicht mit dir dein Schicksal

19

„Greisin"

Terror übst du aus
Giftzähne sind dir gewachsen
Schlägst sie in das Fleisch der Deinen

Nun bist du krank, gebrechlich, schwach
Nur widerwillig reicht man dir das Brot
Hofft, dass die Natur ein Ende macht

Mein Rat
Ändere dich heute
Noch lebst du

1986

20

WARTEZONE

Das Krankenbett
In den Gang geschoben
Vergessen

Sie liegt ja gut
Sicher
Warm

Die Zeit vergeht
Rufe voller Ungeduld
Fordernd

21

Keiner kommt
Alle sind schuldig
Lauthals geschrien

Endlich weitergeschoben
Lächeln
Danke

2013

SPRECHSTUNDE

Es will nicht tagen
Regen fällt
Schleier liegen auf der Seele

Stickig der Raum
Angstgeschwängert die Luft
Leid in aller Augen

22

Trost soll ich geben
Woher ihn nehmen
Bin selbst am Ende meiner Kraft

Setze mich aufrecht
Hole tief Luft
Höre zu

1986

0000002

Zeit

Sternstunde, Geburt
Bewegung in kleinen Schritten
Tag für Tag
Zeit zum Wachsen

Grenzenlos wird die Welt
Alle Möglichkeiten scheinen offen
Augenblick, Stunde und Tag
Einheit

Mit jedem neuen
Zeitabschnitt droht Absturz
Noch geht es weiter
Geerdet mit beiden Füßen

Glauben an unendliche Zeit
Plötzlich bricht sie ab
Die Weltzeit zu Ende
Und?

2010

24

VERZWEIFLUNG

Alles verloren!
Heimat, Frau und Kind

Habe nichts
Bin nichts

Es wird mich niemand vermissen
Schluss

2013

25

UNTERZUCKERT

Hochroter Kopf
Zitternde Beine
Wirr die Gedanken

Die Worte
Sind nicht mehr auffindbar
Die Muskeln schlaff

26

Süßes muss her
Schokogenuss in Mengen
Ohne Reue

Das Zittern lässt nach
Klar die Gedanken
Die Schwäche schwindet

2013

GEWALT

Zerschlagen
Gebrochen
Schutzlos stehst du da

Das Gesicht entstellt
Der Körper misshandelt
Die Seele zerstört

Du schützt den, der das getan
Gibst seinen Namen nicht preis
Willst nicht den Skandal

Verzweiflung schaut uns an
Not schreit uns entgegen
Wir pflegen nur deine Wunden

Schmerzensfrau
Warum lässt du das zu
Ist es Angst, ist es Verbundenheit

Verzweiflung schaut uns an
Not schreit uns entgegen
Wir pflegen nur deine Wunden

Da brichst du auf und weinst
Entscheide dich
Nur du kannst handeln

1987

28

ABBRUCH

Jung
Betörend schön
Der Liebe hingegeben
Körper, Nähe, Ekstase

Erwachen
Zusammenbruch der Illusion
Wirklichkeit
Allein

Alkohol
Leben in Dunst und Nebel
Aufschrei
Schwanger!

Das Kind, es wächst
Was tun?
Die Lebensadern öffnen?
Ist das der Weg?

Es fließt und fließt!
Erleichterung?
Tod!
Ist das die Lösung?

1990

OPERATION

Geschnallt auf Metall
Ausgeliefert
Genagelt aufs Kreuz

Arme gefesselt durch Schläuche
Erwarteter Schmerz
Angst

30

OP – Routine
„Alles im grünen Bereich" –
Ich sehe schwarz

Geschafft
Erwachen in Trunkenheit
Hoffnung

1990

CANCER

Lege meine Hände auf dich
Tod atmet mich an
Dringt in mich ein

Wir werden ihn bezwingen
Er wird weichen
Lege meine Hände auf dich

Ausgedehnt sitzt er fest
Ist voll Bosheit und List
Macht Angst

Wehre dich
Breite die Hände über dich
Gott stehe uns bei

1986

31

SCHULD

Felsenschwer die Erinnerung
Preßt dich nieder in den Grund
Ahntest nicht, daß Hitler in dir ist
Du mit Stalins Lippen grinst
Die Grausamkeit in deiner Seele lebt

Aufschreist du, wie ein verwundetes Getier
„Nichts hab ich mit diesen dort gemein!"
Und doch bist schuldig du geworden
Hast Wehrlose geschlagen
Mißbraucht die Schwachen

Es ist geschehen!
Wer reißt den Stachel aus dem Fleisch?
Nimmt dir die Schamesröte von den Wangen?
Verzweiflung ist dein Brot
Kannst nicht mehr in dein Antlitz schauen

Gib Hoffnung auf Vergebung, Großer Gott
Ich biete Dir mein Leben
Nie wieder werd ich Wunden schlagen
Wenn Du mir nur verzeihst
Mich annimmst wie vordem

1989

32

DIE SEUCHE

Wo ist Hoffnung in den Zeiten der Pest?
Nebel wallt über das Land
Unheilschwanger brütet die Luft
Totenstill ist die Natur

Am Horizont taucht Er auf
Schwingt seine Sense
Kommt näher
Sein Gefolge, schwarze Gestalten

33

Er quert den Fluß
Geht durch das Dorf
Und weiter zieht die finstere Schar
Verschwindet am Horizont

Wehklagen tönt Ihm nach
Aufgehäuft die Leichen
Stille
Die Sonne strahlt auf eine zerstörte Welt

2001

ZUVERSICHT

Der erste Tag im neuen Leben
Körperlich am Ende
Krankheit
Aber

Benutze den Rollstuhl, wenn ich nicht laufen kann
Schreibe, wenn die Sprache stockt
Höre, wenn ich erblinde
Nehme Hilfe an

Jeder Tag ist neu
Zurückschauen sinnlos
Richte meinen Blick auf das, was ist
Das Jetzt, es zählt

Kann nicht als Opfer leben
Bin dankbar für das, was mir geblieben
Zukunft
Gestalte sie neu

2001

34

UNFALL

Ein Sturz
Auf den Boden geschleudert
Zertrümmert die Zukunft
Tiefrot der Schmerz

Behandelt
Geschient
Verbunden
Betäubt

Erwache
Gefesselt an Maschinen
Beatmet
Ergebe mich

Bin Objekt
Bett Nummer drei
Geduld
Heilung braucht seine Zeit

2009

35

0000003

Wechselspiel
Winterblau und Löwenfarben

Wandern im Schnee
Eiskalte Sonne
Der Himmel winterblau
Erfrieren

Löwenfarben
Sengende Sonne
Glutheißer Sand
Feuer am Horizont

Mitte!
Ein Ofen im Winter
Kühlung im Sommer
Sanfter Wind

2012

38

MANGEL ERNAEHRUNG

Zwei Teller auf dem Tisch

Der eine gierig entgegengenommen
Im Nu geleert

Der andere
Das Essen hin und her geschoben
Zerstochert

39

Ein Krümel auf die Gabel geschoben
Widerwillig probiert
Lehre uns die Mitte

2016

BARCADI

Volltrunken
Zugeschüttet bis zum Rand
So liegt sie da
Erbrochenes Häufchen Ich

Jung, zerbrechlich, krank
Übelkeit das Leben
Schluchzen quillt aus ihrer Kehle
Todeswünsche werden wach

Wieder wallt in ihr der Zorn
Die Welt will sie zerschlagen
Bäumt sich auf mit letzter Kraft
Die Beine unter ihr versagen

Traumwelt leben
Das war ihr Plan
Ein Mann
Ihn wollte sie besitzen

Gefühle
Fehlgeleitet
Stark wie Rösser
Zerstampfen sie bis in den Grund

1987

ABHAENGIGKEIT

Entscheidung!
Beginne neu
Heute noch

Die Sucht sie brüllt
Will haben
Reißt mit Raubtierzähnen

Entscheidung!
Du bezwingst mich nicht
… Den Kampf erneut verloren

„Täusche dich nicht
Warst immer schon mein
Bin dein Meister."

41

Entscheidung!
Du vernichtest mich nicht
Licht will ich entzünden in meinem Haus

Entscheidung! Entscheidung! Entscheidung! …
Beten
Hoffen

1992

TOLLKIRSCHE

42

Sie bäumt sich auf
Erbricht die Nahrung
Blau sind die Lippen
Dunkel die Augen
Wieder hebt sich der Magen

Jetzt reißt der Himmel auf
Mit weiten Pupillen schaust du die Sonne
Regenbogenfarben
Berge, Wälder, Wiesen
Sie fliegt

Jetzt
Auf den Boden geschleudert ringt sie nach Luft
Das Herz es rast
Es naht der Tod
Vergiftet

2009

ESS STOERUNGEN

Zwei Gesichter schaun mich an
Das eine feist, hochrot, bacchantisch
Zerfließend

Das andere mürrisch, verkniffen, übellaunig
Mit ungestilltem Hunger in den Augen
Voll schlechtem Sinn

Mal bist du der
Mal bist du jener
Doch niemals bist du eins

43

Der Fresser weicht nicht einen Schritt von seinen vollen
Töpfen
Verneinend krallt der Hungernde an kargem Grund

Du, ohne Maß
Sing deinem Bruder Lieder deiner Freude
Dring in ihn ein mit Fülle und Genuß

Und du, Verneiner
Nimm sanft dem andren den Bissen aus dem Mund
Lehr ihn die Freude des Verzichts

Dann wärst
Du eins

1991

SUCHT

Sie steigt aus den Tiefen
Wiegt dich so sanft
Verspricht Geborgenheit

Ist warm und weich
Füllt
Lullt ein

44

Nichts Hartes berührt den Fuß
In Watte gepackt
Nicht faßbar, konturlos, ohne Grenzen

Und mehr nimmt sie
Hüllt ein
Umklammert

Greift
Verschlingt
Und frisst dich endlich auf

Getaucht in Urschleim möchtest du dich regen
Eigene Gedanken fassen
Wissen wer du bist

Da wandelt sich ihr Angesicht
Drückt zu
Nimmt dir den Atem

Laut lacht sie über deinen Widerstand
Lässt dich nicht los
Drückt fester zu

Du windest dich in der Umklammerung
Bettelst
„Gib mich frei!"

Sie lockert nichts
Umfließt dich mit amorphen Fäden
Raubt dir die Luft, die Kraft, das Sein

Erstickt sinkst du zurück
Wirst kämpfend wach
Fällst wieder sanft ins Nichts

Jetzt saugt sie aus
Nimmt mehr, als sie gegeben
Leert und zerstört dich, spuckt dich endlich aus

Am Boden liegst du
Nur noch Haut und Knochen
Erbrochenes Ich

Die Zeit vergeht
Das Leben rinnt vorüber
Unrat bleibt

Du regst dich
Ordnest deine Glieder
Richtest auf, was du noch bist

Zitternd, schlaff, verbraucht
So stehst du da
Atmest Luft, in deine Hülle

Es kommt der erste eigenständige Gedanke
Und mit ihm Sehnsucht nach Umklammerung
Nach Wiegen, Watte, Weiche

Sich gehen lassen
Was später kommt hast du vergessen
Amorphe Masse schlinge mich!

1988

46

0000004

Eile

Schnell, schnell mein lebendiges Auge
Saug auf, was immer du siehst
Speichre die Schönheit für dunkle Tage
Sie ziehen nur langsam vorbei

Schnell, schnell meine ordnende Sprache
Forme Sätze die überdauern
Schreibe sie auf für schwerere Zeiten
Denn lange halten sie an

Schnell, schnell meine klingende Stimme
Singe Lieder, die meine Seele erfreuen
Den Sommer leise beschwören
Ein Trost in stummer Zeit

Schnell, schnell, zögere nicht

2008

48

SIECHTUM

Will nicht in eure Särge steigen
Ja, es wird auch mich ereilen
Dann aber ist es mein Zerfall

Doch mehrmals sterben will ich nicht!
Angesichts eurer Schwäche
Fühl ich Scham für meine Stärke

Wende mich ab von euch
Küsse nicht die verdorrte Wange
Bin voller Schuld

49

1998

ALT GEWORDEN

Falten im Gesicht
Runen der Vergangenheit

Gebeugter Rücken
Schwäche in den Beinen

Nahezu taub
Verschwommene Sicht

50 Aber das Essen schmeckt
Mehr Brei als feste Kost

Habe das Lachen nicht verlernt
Und liebe die Menschen

Familie ein fester Turm
Mit Hoffnung der Zukunft entgegen

2013

VERWIRRT

Wer akzeptiert euch noch?
Ihr seid so fremd

Umnachtet
Verwirrt

Wir wollen Normalität!
Sie ist nicht mehr möglich!

Angst beschleicht uns
Noch sehen wir die Vergangenheit

Ihr wart die Starken
Habt alle versorgt

Jetzt passt ihr nicht mehr in unsere Welt
Unsauber seid ihr

Sitzt in durchgesessenen Stühlen
Riecht nach Alter und Urin

Entscheidung!
Wir lassen euch in Würde ver-rückt sein!

1987

ALTENHEIM

Aufgereiht wie kostbare Perlen sitzen sie
Entlang der Wände
Um den Tisch
Weißschimmerndes Haar
Pergamentene Haut
Nach innen gekehrter Blick

Wer kennt noch ihren Wert?
Wir wissen wenig von ihrer Zeit

Früher
Haben sie
Geliebt, gelacht, gelitten
Kinder für das Leben bereitet
Eines Menschen Gefährte waren sie
Haben den Augenblick genossen wie wir

Nun atmet uns der Tod an
Der Geduldige

Die Augen trübe
Sparsame Bewegungen
Beine gehen, wenn man sie führt
Die Körper der Erde schon nah
Vergangenes Leben

Gibt es Erinnerungen?

Lebt die Sehnsucht noch?

Plötzlich leuchtet die Vergangenheit auf -
Dann wieder stumm
Versteinertes Gesicht
Warten auf
Worauf?

1986

0000005

Metamorphosen

Verkrustete Scholle bricht auf
Sonne erwärmt den Boden
Aus allen Spalten sprießt Leben
Knospen öffnen sich
Der Frühling kommt

Im Tümpel die Libellenlarve
Zwängt sich aus ihrem Kleid
Nackt ruht sie aus
Pumpt ihre Flügel auf
Und fliegt davon

Laut brummend
Ordnet die Hummel die samtene Robe
Streicht sie glatt
Erhebt sich taumelnd
Und ist für das Abenteuer Leben bereit

Die Magnolienblüte
Noch fest verankert in der Knospe
Sprengt heute die Fesseln
Gekleidet in Salomons Seide
Lacht sie der Sonne entgegen

Menschen
Noch wintergrau
Leblos
Lachen wieder
Und tanzen im Licht

Alles stirbt
Neues entsteht
Nichts bleibt unberührt
Hoffnung
Hoffnung auf Leben

2009

ABSCHIED

Müde sind wir beide
Du vom Sterben
Ich vom Leben

Erinnerungen leuchten auf
Gefährten der Vergangenheit
Kein Trost

Mal hell und klar das Bild
Dann wieder nur
Vergangenheit

Die Zukunft wird angenommen
Mit Trauer und Tränen
Es ist wie es ist

2012

57

STERBEBEGLEITUNG

Der Tod naht sich dem Haus

Betritt den Raum
Wartet

Gib ihr noch Zeit, edler Herr!
Sie ist noch nicht bereit
Ich bitte um Geduld

58

Liebe, laß los!
Es geht zu Ende
Er ist schon hier

Du bäumst dich auf
Bin bei dir
Halte deine Hand

Schwäche überwältigt sie
Nicht weiter kann ich dich begleiten
Wir müssen scheiden

Hab keine Angst
Wir alle werden kommen
Mit dir zusammen sein

1987

ERLOESUNG

Nun bist du endlich frei
Lebst zwischen Himmel und Erde
Wir pflegten dich

Warst zeitlos
Nur noch Reflex
Mal lächelnd, mal voll Traurigkeit

Unendlich währte dieser Zustand
Jetzt bist du wieder du
Der Tod ist ein Geschenk

59

1989

DER TOD

Er geht durch die Straßen, gemächlichen Schritts
Blickt hierhin und dorthin
Ändert die Richtung
Geht weiter

60

Jetzt schaut er mich an
Was willst du?
Ist meine Zeit schon abgelaufen?
Wägst du noch ab?

Komm´ näher Freund
Habe keine Furcht vor dir
Kenne dich schon lange
Heiße dich willkommen

2000

STERBEN

Du gehst deinen Weg
Über die Berge
Ins Tal
Durch den Fluß
Wohin?

Wir folgen dir soweit wir können
Halten deine Hand
Tragen die Bürde mit dir
Schneller schreitest du aus
Die Bande lösen sich

Dein Körper wird kleiner am Horizont
Ein Umriß nur noch im Abendlicht
Jetzt senkt sich die Nacht über das Land
Verlassen und weinend sitzen wir hier

Laß dich umhüllen von SEINEM Licht
Gib IHM die Hand
SEIN warst du, SEIN bist du
Im Leben und im Tod

1987

0000006

Zuversicht

Der erste Tag im neuen Leben
Körperlich am Ende
Krankheit
Aber

Benutze den Rollstuhl, wenn ich nicht laufen kann
Schreibe, wenn die Sprache stockt
Höre, wenn ich erblinde
Nehme Hilfe an

Jeder Tag ist neu
Zurückschauen sinnlos
Richte meinen Blick auf das, was ist
Das Jetzt, es zählt

Kann nicht als Opfer leben
Bin dankbar für das, was mir geblieben
Zukunft
Gestalte sie neu

2001

ANGST

Schattenvögel wirbeln zur Erde
Wieder hinauf ins unendliche Grau

Gespannter Reif engt die Brust
Bleischwer

Und das Tier auf der Brust
Es wächst

Nimmt Raum
Raubt Luft

Bin ich die Angst?
Entscheidet sie oder ich?

1988

65

PSYCHIATRIE

Habe die Grenzen der Menschheit gesehen

Wenn man
Die Seele spüren könnte
Alles wäre so viel leichter
Erkläre mir dieses Sein
Gott, welche Schöpfung ist das?
Warum?

66

2000

DEPRESSION

Sturmwolken ballen sich zusammen
Blitze am Horizont
Abgrund

Tentakeln greifen nach mir
Die Seele versteinert
Untergang

Schwärzeste Nacht
Verschlinge mich nicht
Hoffnung?

1987

67

Danksagung

Der Inhalt dieses Buches ist während meiner 50-jährigen ärztlichen Tätigkeit entstanden.

Ich möchte besonders folgenden freundlichen Begleitern danken:

- ➢ Allen Patienten, deren Schicksale mich berührt haben und die mich dadurch anregten, die Begegnungen kreativ zu verarbeiten.

- ➢ Der Schreibwerkstatt in Marburg, besonders ihrer Leiterin, Frau Barbara Seifert. Sie haben mich viele Jahre in meinem Ringen um das Wort begleitet.

- ➢ Meiner Tochter, der Künstlerin Mona Pfürtner. Die Kraft ihrer beigefügten Bilder fangen die oft traurigen Inhalte meiner Gedichte auf.

- ➢ Meinem Sohn Manuel, der immer vor Ort ist, wenn „es brennt".

- ➢ Meinem verstorbenen Mann, Stephan Pfürtner. Stets richtete er mich in meinen Praxis-Tiefs auf.

- ➢ Und nicht zuletzt dem Leiter des Verlags „Blaues Schloss", Herrn K. H. Symon. Mit Fleiß und Einfallsreichtum hat er mit mir das Buch gestaltet.

Irmgard Pfürtner-Bloos

68

Zur Autorin

Irmgard Pfürtner-Bloos wurde 1936 in Düsseldorf geboren. Mit 24 Jahren nahm sie 1960 das Studium der Medizin an der Universität Köln auf, das sie mit dem Staatsexamen 1966 beendete.

Als Assistenzärztin arbeitete sie in Krankenhäusern des In- und Auslandes.

1966 Promotion unter dem Titel: „Pathomorphologische Befunde bei tödlich verlaufenen eitrigen Meningitiden".

Ihre Facharztausbildung für Innere Medizin absolvierte sie an der Universität in Köln und schloss diese als Internistin 1974 ab.

Wohnsitzwechsel 1977 mit zwei Kindern von Köln nach Marburg auf Grund des Rufes ihres Mannes Professor Dr. Stephan Pfürtner an die Theologische Fakultät.

In Marburg führte Irmgard Pfürtner-Bloos ab 1985 bis 1998 eine Internistische Praxis.

Seit 10 Jahren Mitglied der Schreibwerkstatt Marburg e.V. und hat dort Beiträge, Gedichte und Kurzgeschichten verfasst.

Zur Malerin

Dr. Mona Maria Verroen, geb. Pfürtner,
Künstlername *Mona Pfürtner*.
Geboren 1975 in Köln, aufgewachsen in Marburg, Studium der Medizin, Facharztausbildung zur Internistin und Kardiologin, Zusatzbezeichnung Notfallmedizinerin
Lebt und arbeitet seit 2004 als Künstlerin in Berlin und Freiburg

Mail: *monapfuertner@hotmail.c*
Web: *www.monapfuertner.de*

Mona Pfürtner

geboren 1975 in Köln, lebt und arbeitet als Künstlerin in Berlin.

70

Ausstellungen:

2010 Druckfrisch, Gemeinschaftsausstellung, Lithographiewerkstatt Berlin-Treptow

10/2010-01/2011 Einzelausstellung MLP Berlin

2011 Druckfrisch, Gemeinschaftsausstellung, Lithographiewerkstatt Berlin-Treptow

2012 "Quadratisch Schwarz Weiß", Gemein schaftsausstellung, Lithographiewerkstatt

Berlin-Treptow
2013 Teilnahme an "Macht Kunst", Kunsthalle Berlin

2015 Open air Gallery Berlin

Bilderverzeichnis:

Alle Bilder stammen von der Berliner Künstlerin Mona Pfürtner.

Umschlag:
Atlantis, Acryl, Pigment auf Leinwand,
120cm x 60 cm, 2015

Seite: 7
Portrait Irmgard Pfürtner-Bloos, Kohle auf Papier,
42 x 60 cm, 2016

Seite: 15
Vollmond, Pigmente, Acryl, Sand auf Leinwand,
120 x 100 cm, 2014

Seite: 23
Sonnenuntergang, Pigmente, Stoff, Sand,
Acryl auf Leinwand, 150 x 100 cm, 2012

Seite: 37
Löwe, Acryl auf Holz, 55 x 44 cm, 2009

Seite: 47
Schiff vor Green Point, Gouache auf Papier,
30 x 40 cm, 2015

Seite: 55
Unter Eis, Acryl, Pigmente, Stoff auf Leinwand,
100 x 100 cm, 2014

Seite: 63
Marokko 3, 23,5 x 31 cm, Gouache auf Papier, 2013

Seite: 70
Proviant, Gouache/Tempera auf Holz/Presspappe,
40 cm x 31 cm, 2015

Die Rechte an den Bildern über diese Publikation hinaus bleiben bei der Künstlerin.

72

Irmgard Pfürtner-Bloos

Die außerordentliche Zeit

Gedichte

H.-A. Herchen Verlag

Pfürtner-Bloss, Irmgard
Die außerordentliche Zeit
Kartoniert: 77 Seiten,
ISBN 3-89184-082-9
**Hans-Alfred Herchen & Co.
Verlag**

Ein Buch, das dem Frieden gewidmet ist.
Das Leben eines Kindes im Zweiten Weltkrieg. Ein Stadtkind,
dem Brutalität, Not und Tod Alltag sind.
Gleichzeitig eröffnet der Krieg ungeahnte Freiheitsräume,
Abenteuerspielplätze, die die Phantasie beflügeln.
Nach dem Zusammenbruch ist das Wort „Frieden" inhaltslos.
Seine Bedeutung muss erst erlernt werden.

Lalula

Die Abenteuer einer kleinen Hexe

Von Irmgard Pfürtner-Bloos
mit Bildern von Susanne Trinkaus

Pfürtner-Bloss, Irmgard
Lalula – die Abenteuer einer kleinen Hexe
Kartoniert: 91 Seiten,
8 Farbillustrationen
ISBN: 978-3-86937-660-8

Erschienen 5-2015,
1. Auflage
Verlagshaus Schlosser
863316 Friedberg
Illustration: Susanne Trinkaus
Preis: 12,90 €

Ein lang ersehntes Hexenkind gleitet, in der Walpurgisnacht auf einem Mondstrahl, sanft in die Arme ihrer Eltern.
Ihr Name ist Lalula.
Sie wächst in einer Zauberwelt mitten in der Natur auf. Hier lernt sie alles, was einmal eine gute Hexe können muss. Dabei wird sie von einer Katze und dem Raben Kex begleitet.
Eines Tages lernt sie im Hexenwald einen Räuberjungen, mit Namen Nuck, kennen. Dieser Bengel hat nur Unsinn im Kopf. Trotzdem werden sie enge Freunde. Ihr Leben ist bunt und voller Abenteuer.
Sie hören von einem bösen Zauberer namens Mortus, der in einer schwarzen Burg im Zauberwald sein Unwesen treiben soll. Sie machen sich auf den Weg und ahnen nicht, auf was für ein gefährliches Abenteuer sie sich einlassen.

Eine Textsammlung der
Schreibwerkstatt Marburg e.V. (Hrsg.)

Unheilige Gedanken
zur Heiligen Elisabeth
Kartoniert: 160 Seiten
4 Farbabbildungen
Bilder von Elke Therre-Staal

Verlag Görich & Weiershäuser
ISBN 978-3-89703-715-1

Im Jahr 2007 jährte sich der Geburtstag Elisabeths von Thüringen zum achthundertsten Mal. Mit diesem Jubiläum wurde die Landgräfin, die nach dem Tod ihres Mannes bis zu ihrem eigenen frühen Tod in Marburg gelebt und gewirkt hatte, posthum mit Ehrungen und Ovationen überschüttet.

Autorinnen der Schreibwerkstatt Marburg e.V. nahmen ebenfalls das Elisabethjahr zum Anlass, sich in literarischer Form auch kritisch mit ihr auseinanderzusetzen.

Verlag Blaues Schloss

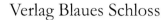

Texte der Schreibwerkstatt Marburg

Kind. Weib. Geliebte.
Mutter. Poet dazu.
Autorinnen in Marburg
Kartoniert: 112 Seiten
ISBN 978-3-943556-51-3
Preis: 11 €

Die Liste der Schriftstellerinnen, die einst in Marburg lebten, ist lang. Sie gingen hier zur Schule – wie Ina Seidel und Mascha Kaléko. Sie lernten, studierten und arbeiteten hier – wie Bettina Brentano, Gertrud von le Fort, Christine Brückner und Ulrike Marie Meinhof. Sie verliebten sich hier – wie Hannah Arendt – und kümmerten sich um Mann und Kind – wie Caroline Böhmer-Schlegel-Schelling, Sophie Mereau und Marie Luise Kaschnitz. Und einige, die in Marburg wirkten, sind auch hier begraben – wie Agnes Günther und Lisa de Boor.

„Ihr Lebenslauf: Kind, Weib, Geliebte, Mutter. Poet dazu."

Mit dieser Zeile aus Mascha Kalékos Gedicht „Epitaph auf die Verfasserin" lud Barbara Seifert die Mitglieder der Schreibwerkstatt Marburg dazu ein, sich auf Spurensuche zu begeben und eigene Texte zu erstellen.

Zwölf Autorinnen sind dem Leben und Schaffen dieser Frauen nachgegangen und haben sie in Biographien, Briefen, Dialogen, Gedichten und Geschichten wieder lebendig werden lassen.

Die Texte der Lesungen beziehen sich auf: Hannah Arendt • Bettina von Arnim • Lisa de Boor • Caroline Böhmer- Schlegel-Schelling • Christine Brückner • Marie-Luise Kaschnitz • Mascha Kaléko • Ulrike Marie Meinhof • Sophie Mereau-Brentano

Autorinnen der Schreibwerkstatt Marburg: Monika Balzer-Geldsetzer • Hermine Geißler • Konstanze Huckriede • Kristina Lieschke • Felicitas Nispel • Alexandra Pätzold • Irmgard Pfürtner-Bloos • Meike Reinold • Marion Röckinghausen • Barbara Seifert • Elke Therre-Staal • Eva Wenzel.

Verlag Blaues Schloss

Legge, Ludwig
Chimären in der Warteschleife
Neue Gedichte
Kartoniert, 52 Seiten
ISBN 978-3-943556-00-1
Preis: 8,50 €

Ludwigs Legges unverwechselbare Lyrik verbindet in bewusster Auseinandersetzung mit der Tradition der Moderne romantische und surreale Elemente, wie Roswitha Aulenkamp festgestellt hat.

Legge, Ludwig / Ziehr, *Wilhelm*
Aus den Phasen des Mondes
Mondgedichte
Kartoniert: 17 x 22, 82 Seiten
ISBN 978-3-943556-41-4
Preis: 9,50 €

Der Trabant Mond folgt in vermeintlich wechselnder Gestalt der Erde. Rätselhaft erscheint er uns nicht mehr, aber seine Form und die nächtlichen Spiele und Wirkungen seines reflektierenden Lichtes regten seit jeher die Lyriker an. Das gilt noch immer, was Ludwig Legge und Wilhelm Ziehr uns auf eigene Weise hier nahebringen.

In den Betrachtungen von „Ich – Natur und Welt" von Wilhelm Heinse heißt es „Du bist glücklich, Mond, du läufst deine Bahn ewig fort, dein Schicksal ist entschieden.-" Niemand wollte heut schon so formulieren, denn die Astronomie zweifelt daran, ob die Bahn des Mondes Ewigkeitscharakter beanspruchen könnte. Vielleicht entscheiden sogar die Erdenbewohner, die auf ihm längst gelandet sind, sein Schicksal. Das Licht unserer Gegenwart bei Tag und bei Nacht wird von der Problematik der Energieversorgung bestimmt. Was wir vom Mond sagen wollen, müssen wir in neue Gestalt und Sprache bringen, in eine andere ästhetische Form als früher überführen.

*Die folgenden Bücher aus der Reihe Sonderedition sind aus-
schließlich* direkt über den Verlag Blaues Schloss zu beziehen:*

Benninghoff, Volker
**„Über den Versuch, Absolutes zu
schaffen –
Eine Autobiografie"**
Hardcover mit Schutzumschlag,
256 Seiten, 37 Seiten Farbbilder,
Format 17cm x 22cm
Preis: 29,50 €

Aufgrund der Hemmung seiner malerischen Aktivitäten durch einen Krankenhausaufenthalt, hatte Volker Benninghoff begonnen, seine Autobiografie aufs Papier zu bringen. Da hatte das Wort Manuskript noch seine volle Berechtigung. Und in den folgenden zwei Jahren hatte er einen Durchlauf durch sein ereignisreiches Leben erstellt, in Form einer eloquenten, den Leser mitbewegenden Biografie. So umfasst die Autobiografie die Ereignisse um 1923 in Hamburg, das Ausweichen vor den Nationalsozialisten nach Berlin, nach der Beschlagnahmung der väterlichen Kulturzeitschrift; Benninghoffs Militärzeit als Jugendlicher in Finnland; den Beginn des Kunststudiums in Hamburg bei Grimm nach dem Ende des Krieges; die Nachkriegsjahre in Stockholm als Kunststudent; sowie die fast dreißigjährige Zeit des Schaffens am Theater und in der Malerei; das künstlerische Leben in Marburg, als auch Benninghoffs Leben und Malen in Frankfurt in seinem Atelier in Höchst mit Blick auf eine bizarre Industrielandschaft und seine Arbeit am Fritz Rémond-Theater. Volker Benninghoff hinterlässt mit seiner Autobiografie ein lebendiges Zeugnis einer bewegten Zeit.

* Bezug über Buchhandel nach Vereinbarung.

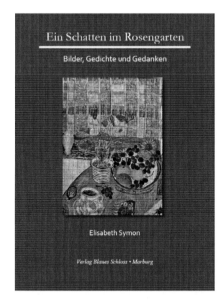

Symon, Elisabeth
Ein Schatten im Rosengarten
Hardcover mit Schutzumschlag,
(17cm x 22cm)
108 Seiten 100 Farbseiten,
Preis: 29,00 €

Das Buch „Ein Schatten im Rosengarten" stellt chronologisch einen Teil der Zyklen des malerischen Schaffens von Elisabeth Symon vor sowie einen Ausschnitt ihrer Niederschriften aus Tagebucheintragungen, Briefen und Gedichten.

„Ihre feingliedrig gemalten Bilder – meist kleinformatig – erzählen auf philosophische Weise, in zyklisch aufgereihten Kunstwerken, eine Art rätselhafte Bildersprache von großem Ernst, von Melancholie, vor allem auch von der Fröhlichkeit ihres Herzens", urteilte die Marburger Malerin Annegret Henke-Reinarz.

Die späteren Arbeiten bestanden aus Aquarellen, in denen sie ihren eigenständigen Stil in verschiedenen Zyklen entwickelte, und aus Illustrationen literarischer Vorlagen.
    Der erste Zyklus beginnt mit Graphiken zum Text „Wanderung auf einem Stern" in den Jahren 1975 bis 1976. Es folgen ein Zyklus aus Aquarellbildern, entstanden in den Jahren 1984 bis 1989, dann die Illustration zu dem Geschichtszyklus „Die Wanderungen El Raks" (1987) sowie dem des „Hiob" (1990). Weitere Zyklen bilden die Aquarellbilder von 1990 bis 1992 sowie die diesen folgende Illustrationen zu „Die Sizilienreise" und dem Aquarellzyklus von 1994 bis 1996. Die „Bilder in Blau" entstanden 1989. Ihnen schlossen sich die abstrakten Farbstiftzeichnungen aus den Jahren 2000 bis 2004 an, die durch Karten und Bilder aus den Jahren 2004 bis 2005 ergänzt wurden, der letzten Phase ihres künstlerischen Schaffens.